AUTORES:

JOSÉ MARÍA CAÑIZARES MÁRQUEZ
CARMEN CARBONERO CELIS

COLECCIÓN: MANUALES PARA PADRES SOBRE ACTIVIDAD FÍSICA, SALUD Y EDUCACIÓN EN LOS NIÑ@S

CÓMO MEJORAR LA COORDINACIÓN Y EQUILIBRIO DE TU HIJO

COLECCIÓN MANUALES PARA PADRES SOBRE ACTIVIDAD FÍSICA, SALUD, Y EDUCACIÓN EN LOS NIÑ@S

CÓMO MEJORAR LA COORDINACIÓN Y EQUILIBRIO DE TU HIJO

AUTORES

José Mª Cañizares Márquez

- Catedrático de Educación Física
- Tutor del Módulo del Practicum del Master de Secundaria
- Especialista en preparación de opositores
- Autor de numerosas obras sobre Educación y Preparación Física

Carmen Carbonero Celis

- D. E. A. en Instituciones Educativas
- Licenciada en Pedagogía
- Maestra de Primaria y Secundaria en centros de Educación Compensatoria
- Didacta presencial del Módulo de Pedagogía General en el CAP
- Profesora de Pedagogía Terapéutica en Centro Educación Primaria

Título: CÓMO MEJORAR LA COORDINACIÓN Y EQUILIBRIO DE TU HIJO

Autores: José Mª Cañizares Márquez y Carmen Carbonero Celis
Editorial: WANCEULEN EDITORIAL

Sello Editorial: WM EDICIONES

Dirección Web: www.wanceuleneditorial.com, www.wanceulen.com,

Email: info@wanceuleneditorial.com

I.S.B.N. (PAPEL): 978-84-9993-560-7

I.S.B.N. (EBOOK): 978-84-9993-584-3

©Copyright: WANCEULEN S.L.

Primera Edición: Año 2017

Impreso en España

WANCEULEN S.L. C/ Cristo del Desamparo y Abandono, 56 41006 SEVILLA

Reservados todos los derechos. Queda prohibido reproducir, almacenar en sistemas de recuperación de la información y transmitir parte alguna de esta publicación, cualquiera que sea el medio empleado (electrónico, mecánico, fotocopia, impresión, grabación, etc), sin el permiso de los titulares de los derechos de propiedad intelectual. Cualquier forma de reproducción, distribución, comunicación pública o transformación de esta obra solo puede ser realizada con la autorización de sus titulares, salvo excepción prevista por la ley. Diríjase a CEDRO (Centro Español de Derechos Reprográficos, www.cedro.org) si necesita fotocopiar o escanear algún fragmento de esta obra.

INDICE

INTRODUCCIÓN 7

1. COORDINACIÓN. CONCEPTO Y ACTIVIDADES PARA SU DESARROLLO 9

    1.1. Concepto. 9

        1.1.1. Coordinación y Equilibrio en el Diseño Curricular 10

        1.1.2. Características del movimiento coordinado 11

    1.2. Clasificación. 12

    1.3. Proceso evolutivo. 13

    1.4. Componentes de la coordinación. 13

    1.5. Factores condicionantes de la coordinación 14

    1.6. Evaluación. 15

    1.7. Actividades para su desarrollo 15

2. EQUILIBRIO. CONCEPTO Y ACTIVIDADES PARA SU DESARROLLO. 17

    2.1. Concepto. 17

    2.2. Clasificación. 19

    2.3. Proceso evolutivo. 20

    2.4. Factores que influyen en su desarrollo. 21

    2.5. Evaluación. 22

    2.6. Actividades para su desarrollo 22

CONCLUSIONES 23

BIBLIOGRAFÍA 24

WEBGRAFÍA 26

INTRODUCCIÓN

Este Tema trata sobre las llamadas "capacidades coordinativas", "capacidades motrices" o "capacidades coordinativo-equilibradoras". Es decir, aquellas que se encargan de regular y organizar el movimiento, sus elementos cualitativos (Morente, 2005).

No olvidemos que toda habilidad motriz tiene dos componentes muy ligados: físico (más aprisa, más veces...) y motor (hacerlo bien).

Si observamos unas acciones técnicas en deportistas de elite, la elegancia y la economía de las mismas nos parecerán asequibles de reproducir. En realidad, esta aparente sencillez está basada en una serie de complicadísimos mecanismos que, interactuando ordenada y sincrónicamente unos con otros, dan como resultado ese movimiento digno de admirar (Conde y Viciana, 2001).

El título del tema hace que coordinación y equilibrio las veamos por separado aunque en su práctica están yuxtapuestas. Su nivel dependerá de la genética del individuo, y de las oportunidades y experiencias lúdicas vividas desde las primeras edades (Rivadeneyra, 2003).

Así pues, veremos en la primera parte del tema todo lo relacionado con la coordinación: concepto, definiciones, tipos, su evolución y sus prácticas escolares y en la segunda haremos el mismo procedimiento pero con el equilibrio.

No olvidemos que todo especialista en nuestra materia debe conocer en profundidad ambas capacidades debido a que las edades propias de la Etapa Primaria son críticas para su desarrollo, de ahí la importancia que le otorga el Real Decreto 126/2014 a toda competencia motriz. Además, un buen nivel coordinativo repercute decisivamente en un mejor y más rápido de los aprendizajes básicos escolares.

1. COORDINACIÓN. CONCEPTO Y ACTIVIDADES PARA SU DESARROLLO.

1.1. CONCEPTO.

Cualquier **movimiento** por pequeño que sea requiere de **coordinación** psíquica y motriz, así como una lucha contra la fuerza de gravedad (**equilibrio**).

En una acción motriz tenemos que distinguir los músculos agonistas, antagonistas, sinergistas y fijadores. La coordinación hace posible el **ordenamiento** de ese trabajo muscular (López y Garoz, 2004). La simple flexión de una falange de la mano viene dada por una acción activa de los flexores de los dedos (músculos agonistas) y por una acción pasiva de los extensores (músculos antagonistas), es decir, siempre que realicemos una acción se le opondrá otra. Todo esto está controlado por el Sistema Nervioso Central (S.N.C.), por lo que su maduración nos dará un grado de coordinación considerable.

Cuando hablamos de coordinación todo es más **complejo** y multifactorial. El S.N.C. debe mandar infinidad de **impulsos** a un sinnúmero de músculos que intervienen en cualquier gesto deportivo, por ejemplo la destreza del lanzamiento de un balón con una mano por encima del hombro, el test de pentasalto, la carrera de obstáculos, etc.

Si para cualquier movimiento se requiere una coordinación relativa, hay que pensar que, para un alto rendimiento deportivo es necesario un nivel infinitamente superior, por que es forzoso un perfecto juego entre el sistema encargado de **dirigir** a la persona -el S. N.- y el encargado de **moverlo**, los músculos.

Un movimiento coordinado (y equilibrado) implica la interacción eficaz entre el S.N.C. y el S. Muscular Esquelético (Rivadeneyra 2003). Un individuo posee un buen nivel cuando es capaz de realizar un gesto natural o específico velozmente, con facilidad y sin aparente gasto de energía, es decir, hacer lo pensado (Cañizares, 2004).

Por todo ello, coordinación y equilibrio constituyen la base de todas las acciones gestuales que se puedan realizar y definirán cualitativamente a la acción, por lo que coordinación y equilibrio son el soporte motor de las habilidades y destrezas, y el nivel alcanzado va a condicionar el logro en el límite de habilidad (López y Garoz, 2004).

En cuanto a su definición, seguimos a los autores más significativos:

- **Le Boulch** (1986). *"La interacción entre el S.N.C. y la musculatura esquelética en la ejecución del movimiento".*

- **Fernández García** -coor.- (2002). *"Es la organización de las acciones motrices orientadas hacia la consecución de un objetivo determinado.*

- **Torres** (2005). *"Capacidad del organismo para ejecutar una acción motriz controlada, con precisión y eficacia, sin realizar ningún gesto parásito".*

- **Rigal (2006)**: *"Ajuste espacio-temporal de las contracciones musculares para generar una acción adaptada a la meta perseguida".*

Como vemos, todas las definiciones tienen en común el control ejercido por el SNC para regular los actos motores (Los Santos, 2004).

1.1.1. COORDINACIÓN Y EQUILIBRIO EN EL DISEÑO CURRICULAR.

Uno de los objetivos básicos en el marco de la educación física es conseguir que el alumnado adquiera el mayor número posible de patrones motores, con objeto de poder construir nuevas opciones de movimiento, gracias al desarrollo conjunto de las capacidades coordinativas (López y Garoz 2004).

En Andalucía, la O. de 17/03/2015 nos indica que "*la Educación física permite al alumnado indagar en sus habilidades y destrezas motrices y las lleva a la práctica en situaciones de enseñanza/aprendizaje variadas. Las experiencias individuales y colectivas permiten adaptar las respuestas a los diferentes contextos, de esta forma atiende a las dimensiones de la personalidad: sensorial, cognitiva, afectiva, comunicativa, estética, de la salud, moral, social y creativa. Este área es un verdadero motor de formación integral y permanente, ya que a partir de propuestas de tareas competenciales dinámicas y variadas servirá para instrumentalizar en otras áreas actitudes que ayuden a afrontar los retos que en ellas se destilen, sobrepasando su plano motriz inicial. La actividad física tiene un valor educativo muy importante, tanto por las posibilidades de exploración que propicia como por las relaciones lógicas que el sujeto establece en las interacciones con los objetos, el medio, los otros y consigo mismo. Así, por ejemplo, los alumnos y alumnas construyen sus primeras nociones topológicas, temporales, espaciales o de resolución de problemas en actividades que emprende con otros en diferentes situaciones motrices*".

Ahora relacionamos los elementos curriculares:

- **Competencias Clave**. Está relacionado con las **competencias sociales y cívicas**. Las actividades dirigidas a la adquisición de las habilidades motrices requieren la capacidad de asumir las diferencias así como las posibilidades y las limitaciones propias y ajenas. El cumplimiento de las normas que rigen los juegos colabora con la aceptación de códigos de conducta para la convivencia.
El **sentido de iniciativa y espíritu emprendedor** en la medida en que emplaza al alumnado a tomar decisiones con progresiva autonomía en situaciones en las que debe manifestar auto superación, perseverancia y actitud positiva. También lo hace, si se le da protagonismo al alumnado en aspectos de organización individual y colectiva de las actividades físicas, deportivas y expresivas.
Competencia digital en la medida en que los medios informáticos y audiovisuales ofrecen recursos cada vez más actuales para analizar y presentar infinidad de datos que pueden ser extraídos de las actividades físicas, deportivas, competiciones, etc. El uso de herramientas digitales que permitan la grabación y edición de eventos (fotografías, vídeos, etc.) suponen recursos para el estudio de distintas acciones llevadas a cabo.
Competencia matemática y competencias básicas en ciencia y tecnología. Un buen nivel coordinativo y perceptivo dará lugar a una mayor facilidad en el dominio de las relaciones espaciales, cuantificación y cálculos, magnitudes, comprensión de la perspectiva, lectura de mapas, escenas tridimensionales, formas geométricas, etc.
- **Objetivos de Etapa**. La habilidad está relacionada con el objetivo "k": "valorar la higiene y la salud, aceptar el propio cuerpo y el de los otros, respetar las diferencias y utilizar la educación física y el deporte como medios para favorecer el desarrollo personal y social", habida cuenta la habilidad motriz está presente en las prácticas de juegos que nos llevan a aceptar el propio cuerpo y el de los demás y su uso para el desarrollo personal y social.
- **Objetivos de Área**. Algunos tienen **relación** directa con las capacidades coordinativas. Por ejemplo, el "1", que trata sobre el conocimiento del propio

cuerpo y disfrutar de sus capacidades motrices; el "2", sobre el uso de habilidades motrices y la adaptación del movimiento.
- **Contenidos**. Este tema está relacionado con el primer bloque de **contenidos**, "El cuerpo y sus habilidades perceptivo motrices" porque este tema trata del desarrollo de los contenidos básicos de la etapa que servirán para posteriores aprendizajes más complejos, donde seguir desarrollando una amplia competencia motriz.
- **Criterios de evaluación**. También algunos criterios y estándares de aprendizaje hacen referencia a coordinación y equilibrio. Por ejemplo, el 1: "Resolver situaciones motrices con diversidad de estímulos y condicionantes espacio-temporales, seleccionando y combinando las habilidades motrices básicas y adaptándolas a las condiciones establecidas de forma eficaz.
- **Estándares de aprendizaje**. Ponemos algunos ejemplos:

1.1. Adapta los desplazamientos a diferentes tipos de entornos y de actividades físico deportivas y artístico expresivas ajustando su realización a los parámetros espacio-temporales y manteniendo el equilibrio postural.
1.2. Adapta la habilidad motriz básica de salto a diferentes tipos de entornos y de actividades físico deportivas y artístico expresivas, ajustando su realización a los parámetros espacio-temporales y manteniendo el equilibrio postural.
1.3. Adapta las habilidades motrices básicas de manipulación de objetos (lanzamiento, recepción, golpeo, etc.) a diferentes tipos de entornos y de actividades físico deportivas y artístico expresivas aplicando correctamente los gestos y utilizando los segmentos dominantes y no dominantes.
1.4. Aplica las habilidades motrices de giro a diferentes tipos de entornos y de actividades físico deportivas y artístico expresivas teniendo en cuenta los tres ejes corporales y los dos sentidos, y ajustando su realización a los parámetros espacio temporales.
1.5. Mantiene el equilibrio en diferentes posiciones y superficies.

1.1.2. CARACTERÍSTICAS DEL MOVIMIENTO COORDINADO.

Un movimiento coordinado (y equilibrado) implica la interacción eficaz entre el S.N.C. y el S. Muscular Esquelético (Rivadeneyra 2003).

Castañer y Camerino (1998), destacan los siguientes criterios para considerar a un movimiento como coordinado:

- Precisión en velocidad y dirección adecuadas
- Eficacia en los resultados
- Economía en el gasto energético
- Armonía en la contracción y relajación muscular

Un individuo posee un buen nivel cuando es capaz de realizar un gesto natural o específico velozmente, con facilidad y sin aparente gasto de energía, es decir, hacer lo pensado (Cañizares, 2004).

¿Por qué un alumno comete errores al hacer un movimiento coordinado? Los fallos podemos encontrarlos al analizar los diversos parámetros que confluyen en él (Gutiérrez 2004):

- Al **informarse** sobre lo que hay que hacer (ver/oír la tarea propuesta). Falta de atención.
- Al **analizar**-interpretar los datos anteriores.
- Al **planificar** la respuesta a nivel cerebral, es decir, organizar la actuación.
- Al **programar** la respuesta: "aplico mis conocimientos previos a lo que debo hacer".
- Al **ejecutar** la respuesta: error, por ejemplo, al medir el obstáculo a saltar.
- Al **ajustar** la respuesta: desequilibrio, descoordinación...

En resumen, una acción resulta coordinada y equilibrada cuando utilizamos los grupos musculares precisos con el tono adecuado, obtenemos el resultado pensado, gastamos la mínima energía muscular y nerviosa y también tenemos capacidad para "tener conciencia" de lo realizado, que es el feedback intrínseco (Cañizares, 2001).

En cambio, torpeza, falta de ritmo, desorientación, mala recepción de objetos y deficiente puntería, así como tener inseguridad en superficies no habituales, es típico de alumnos/as con **bajos niveles** de coordinación y equilibrio.

1.2. CLASIFICACIÓN.

La taxonomía de la coordinación es muy variada y variopinta, habida cuenta que los autores utilizan parámetros desiguales (Bueno, Del Valle y De la Vega, 2011).

En general, hoy día se reconocen dos grandes grupos (López y Garoz, 2004):

- **C. Dinámica General**. Regula los movimientos corporales globales. Es el soporte motor de las habilidades motrices, junto al equilibrio.
- **C. Óculo-Segmentaria**. Movimientos que implican el ajuste entre el sentido de la vista y un segmento corporal que normalmente maneja un móvil. Es como un "lazo" entre la visión y una mano o pie. Constituye el respaldo motor de las destrezas, junto al equilibrio. Por ejemplo, mantener un globo en el aire golpeándolo con manos o pies.

En este cuadro vemos los tipos clasificatorios de otros autores:

LE BOULCH (1986)	AÑÓ, CAMPOS Y MESTRE (1982)	ZAGALAZ, CACHÓN Y LARA (2014)	TORRES (2005)
C. Dinámica General C. Óculo Manual	C. Dinámica General C. Óculo Manual C. Óculo Cabeza C. Óculo Pie C. Disociada	C. Dinámica General C. D. G. Específica: O. Manual; O. Pédica; O. Cefálica o Espacial	C. Gruesa C. Fina C. Segmentaria C. General C. Óculo-manual C. Óculo-pédica

1.3. PROCESO EVOLUTIVO.

Para elaborar este punto resumimos a Conde y Viciana (2001), Fernández -coord.- (2002), López y Garó (2004), Cañizares (2004) Los Santos (2004), Ruiz Pérez (2005) y Tamarit (2016).

Durante la etapa infantil, la evolución de la coordinación está íntimamente ligada al desarrollo general del individuo. La **percepción del medio** que rodea al alumno, ya desde muy pequeño, le ayuda a construir esquemas mentales de su entorno más inmediato, su exploración será posible gracias al desarrollo del movimiento y conllevará la adquisición de capacidades que darán lugar al **desarrollo cognitivo**. Los logros motores de los primeros años suponen sucesivas conquistas de formas de coordinación cada vez más complejas: marcha, carrera, saltos, etc. Nunca es una edad temprana para trabajar la coordinación, aunque sí puede ser una edad tardía.

a) **Primeras edades**. Tras el nacimiento, el S.N.C. y la musculatura esquelética aún no tienen relación funcional. Será imprescindible el juego infantil para que niñas y niños vayan adquiriendo la madurez nerviosa y muscular necesaria para regular su propio cuerpo, además de la independencia de miembros superiores e inferiores y acoplarlo con el espacio y sus objetos. Por ello, el buen nivel de sus percepciones corporales, espaciales y temporales será fundamental. En un principio las coordinaciones son globales, pero su progresión es continua.

b) **Etapa Prepuberal**. Los movimientos se convierten en más claros y orientados. Es el mejor momento para los ensayos motrices porque el sistema nervioso está muy madurado y conlleva el refinamiento de los gestos, sobre todo los de tipo óculo-segmentario. Incremento cualitativo y cuantitativo en actividades de coordinación general. Al final de la etapa hay mayor ajuste, precisión y eficacia.

c) **Etapa Puberal**. El crecimiento anatómico provoca desajustes motores, pero con la práctica se mejora sin gran dificultad, siempre y cuando se hayan cumplido las etapas anteriores. Es un buen momento para iniciar las coordinaciones específicas o deportivas. La condición física hace que las actividades de coordinación tengan mejor nivel de ejecución. Esto es extensible a la **adolescencia**.

d) **Etapa Adulta**.- Hasta los 23-25 años, el grado de coordinación se mantiene, pero la degeneración orgánica hace que el nivel vaya deteriorándose.

1.4. COMPONENTES DE LA COORDINACIÓN.

Diversos autores se han ocupado de estos componentes o "sub-capacidades" que **integran** a la coordinación. Los **psicomotricistas** establecieron tres grupos. **Posteriormente** los estudios de Schnabel (1974), Hirtz (1981), Blume (1981), Martin (1982), Zimmermann (1987), Meinel y Schnabel (1988), Hahn (1988), Weineck (1988) y Kosel y Hecker (1996), (citados por Cañizares, 2001) y León (2006), aumentaron la riqueza del análisis de los parámetros que integra la coordinación, aunque en muchos casos apenas si existen **diferencias** significativas entre ellos. Por ello, Los Santos (2004), indica que en lugar de decir sólo "coordinación", mejor deberíamos hablar de "*capacidades coordinativas*".

a) **Escuela Psicomotriz**. Para tener un control del movimiento (coordinación) es necesario un previo y paralelo desarrollo de varios factores: esquema corporal, estructuración espacio-tiempo y equilibrio.

b) **Otros autores**. Cañizares (2001), Conde y Viciana (2001) y Cachadiña – coord.- (2006), resumiendo a los autores anteriores, indican que generalmente se viene aceptando como componentes de la coordinación, es decir, una serie de elementos que hacen posible el movimiento, a las facultades de adaptación, reacción, dirección-control motor, orientación, equilibrio, ritmo y capacidad de acoplamiento, entre otras:

- Adaptación. Es ajustar el movimiento al cambio continuo del entorno: compañeros, contrarios, balón... y a los espacios reglamentarios para jugar.
- Reacción. Es responder a una modificación de la situación, es decir, adaptar el programa motor inicial a las variaciones inesperadas.
- Dirección-control motor. Ejecutar las acciones con precisión en aquellos deportes donde predominan las condiciones de ejecución estandarizadas: tiro, pase... Incluye la discriminación de velocidades y trayectorias, la orientación y estructuración espacio-tiempo y el equilibrio
- Orientación. Permite modificar la posición y el movimiento del cuerpo en el espacio y en el tiempo.
- Equilibrio. Es mantener una posición corporal deseada (equilibrio estático) o recuperarla tras un movimiento (equilibrio dinámico) en contra de la fuerza de la gravedad. Las actividades propias de coordinación dinámica general implican una reequilibración continua.
- Ritmo. Es organizar cronológicamente las prestaciones musculares en relación al espacio y al tiempo.
- Capacidad de acoplamiento. Permite regular los movimientos corporales parciales entre sí y/o unir los ya automatizados para lograr un objetivo motor dado.

Estos términos tienen otras **denominaciones** en función de los autores que estudiemos y/o la traducción realizada de otros idiomas.

1.5. FACTORES CONDICIONANTES DE LA COORDINACIÓN.

Un movimiento coordinado y hecho con eficacia es complejo de realizar, sobre todo si no es de tipo "simple" como un salto o el bote estático del balón.

Hay una serie de agentes que influyen decisivamente en los componentes de la coordinación vistos anteriormente. Estas variables que ahora nombramos debemos tenerlas muy en cuenta a la hora de diseñar las actividades en cuanto a su complejidad, porque van a condicionar las respuestas motrices de nuestros escolares (Cañizares, 2001).

- Nivel de aprendizaje motor y de experiencias previas.
- Grado de equilibrio necesario.
- Influencias de compañeros y/o contrarios.
- Uso o no de móviles y sus características de peso, tamaño, textura, etc.
- Cansancio y condición física.
- Grado de tensión nerviosa y de intensidad del esfuerzo.
- Dificultad de la acción. Número de grupos musculares necesarios.
- Velocidad de ejecución del movimiento.
- Condiciones externas de luz, tipo de pavimento, temperatura, limitaciones

de espacios, posible incomodidad del factor viento, etc.

1.6. EVALUACIÓN.

No es fácil establecer tests o pruebas que sean de máxima utilidad para medir y evaluar la coordinación al existir diversas capacidades íntimamente relacionadas con la misma. No obstante, establecemos tres apartados:

- **Tests** "tradicionales". Nos referimos a la batería de Ozerestki, el examen psicomotor de Mazzo y de Vayer, y la observación psicomotriz de Da Fonseca (López y Garó, 2004).

- **Nuevas formas**. En los últimos años nos encontramos con la adaptación de Ruiz, Graupera y Gutiérrez (2002), para la población española, del test MABC de Henderson y Sudgen; de la escala ECOMI, y del sistema instrumental para medición de la motricidad de González Rodríguez (2003), todos ellos citados por López y Garó (2004).

- **Pruebas escolares**. Operativamente el docente utiliza el salto en profundidad; triple salto a pies juntos y el pentasalto desde parado, entre otras. Tienen la ventaja de su simpleza y rapidez, así como que el propio alumnado comprueba personalmente su progresión.

1.7. ACTIVIDADES PARA SU DESARROLLO.

Seguimos a Trigueros y Rivera (1991), Kosel y Hecker (1996), Chinchilla y Alonso (1998) Romero Cerezo (2000), Campo (2000), Rigal (2006), León (2006) y (Zagalaz, Cachón y Lara, 2014).

Al planificar las tareas para la mejora de la coordinación implicamos, además de los factores perceptivos y equilibradores, al resto de los componentes o "sub-capacidades", sin olvidar la condición física como factor de ejecución.

a) *Actividades de Coordinación Dinámica General.*

- Desplazamientos de todo tipo y muy variados. Por ejemplo, marchas y carreras, cuadrupedias, tripedias, reptaciones, trepas, etc. También podemos organizarlas de forma individual, en parejas, pequeño y gran grupo, con o sin el uso de recursos móviles como aros, conos, picas, cuerdas, etc.

- Juegos de empuje, transporte, tracción, oposición entre compañeros, etc.

- Saltos de todas las modalidades, con uno y dos pies y sus combinaciones. Desde una altura, superar una altura, en profundidad y sus combinaciones. También podemos contar con el apoyo de recursos tales como aros, bancos, conos, vallitas, colchonetas, etc. El ritmo es también un excelente recurso para la enseñanza de los saltos.

- Carreras en línea recta, de espalda, lateral, etc. Podemos utilizar conos para realizar zig-zag y otras muchas variantes.

- Juegos generales que impliquen desplazamientos, saltos, capturas, ritmos, etc. Pueden ser de índole popular con baja o alta organización, dependiendo de la edad, evolución y característica del grupo.

- Desplazamientos variados de tipo "pasivo", con o sin el uso de patines, skates, etc.

- Juegos con los recursos tradicionales propios de los gimnasios: espalderas, escalas, etc.

b) *Actividades de Coordinación Óculo–Segmentaria.*

- Podemos distinguirle al Tribunal actividades concretas para la mejora de la coordinación óculo-pie; óculo-mano...
- Botes, conducciones y lanzamientos-recepciones de pelotas y balones. Combinaciones.
- Juegos populares de punterías con diversos móviles, como "las siete y media" o "tirar la raya".
- Golpeos de pelotas, globos y otros recursos propios de la "Corriente Alternativa"

c) **Ejemplos de algunas variantes.**

- Variaciones en la ejecución de un movimiento.
    - Aumentando o disminuyendo la velocidad de ejecución.
    - Variando los movimientos de realización.
    - Alternar lado derecho/izquierdo.
    - Relajación parcial de determinadas áreas del cuerpo.
    - Combinación de movimientos:
        - Ejecución cruzada, sucesiva y simultánea.
- Variación de las condiciones externas:
    - En la orientación del movimiento y dirección
    - En el lugar de la realización.
    - Peso, forma y diseño de los objetos utilizados.
    - Acción facilitada, dificultada, compartida, etc.
- Variaciones en la acción temporal:
    - Opciones en la anticipación de un estímulo.
    - Variaciones parciales del ritmo de una tarea.
    - Adaptación alternada de la tarea a un ritmo.
    - Ajuste de una misma tarea a distintos ritmos.
    - Creación de alternativas rítmicas.
- Variaciones y combinaciones de actividades:
    - En la posición inicial y en la ejecución de la actividad.
    - En la dinámica del movimiento.
    - En las condiciones exteriores.
    - En la estructura espacial del gesto.
    - En la captación de información.
    - Combinaciones de habilidades gestuales.
    - Juegos con adversarios.

d) **Consideraciones metodológicas. Recursos.**

- No olvidamos la importancia de los **aprendizajes previos**.
- Las actividades debemos aplicarlas bajo formas simples dirigidas hasta las propias exploradas y descubiertas por ellas y ellos.
- En los primeros momentos el movimiento debe ser **simple** y de velocidad **lenta** hasta que se fijen engrama y patrón motor.
- Utilizar propuestas para la investigación: ¿de cuántas formas eres capaz de...?, ¿cómo puedes avanzar más rápidamente con tres apoyos sobre el suelo?, etc.
- En el desarrollo de la coordinación óculo-segmentaria debemos incorporar toda clase de móviles: globos, picas, pelotas, bolsitas de granos, cuerdas, aros, etc. y que requieren además una destreza en su manejo, un cálculo de sus posibles trayectorias y unas colocaciones idóneas en las recepciones y lanzamientos.
- Variar mucho de móvil. Su peso será liviano, sin dureza y con un colorido motivador.
- Los docentes debemos integrarnos en la práctica, ser uno más del grupo.
- Utilizar los tres canales de información de la forma más variada y rica posible.
- Algunas normas prácticas para la intervención educativa, son:
  - Realizar movimientos en diferentes entornos, con pocas repeticiones.
  - Evitar los movimientos estereotipados.
  - Variar continuamente las situaciones del movimiento.

2. EQUILIBRIO. CONCEPTO Y ACTIVIDADES PARA SU DESARROLLO.

2.1. CONCEPTO.

Es uno de los componentes perceptivos específicos de la motricidad. Está ubicado dentro de la dimensión introyectiva de la persona, siendo una capacidad con mayor dominio instintivo, porque viene prefijado genéticamente y se va desarrollando a medida que evolucionamos. Comprende las funciones fundamentales de vigilancia, alerta y atención, haciendo frente a la fuerza gravitacional que actúa continuamente sobre la persona.

La equilibración, que está muy relacionada con el esquema corporal y la función tónica, podemos considerarla como el telón de fondo del equilibrio que, a su vez, nos dará las bases para construir nuestras coordinaciones y domino del espacio. En los humanos se manifiesta por la actitud de la bipedestación y se caracteriza porque se lleva a cabo con el mínimo esfuerzo voluntario (Aragunde, 2000).

Desde un punto de vista **fisiológico**, el sentido del equilibrio está ubicado en el sistema vestibular, situado en el laberinto del hueso temporal.

El equilibrio **también** se incluye en las capacidades coordinativas como componente importante de la coordinación general. Si bien ésta permite hacer un movimiento sincronizado, el equilibrio otorga el mantenimiento de la posición del cuerpo en contra de la ley de la gravedad.

El equilibrio puede ser mejorado por la práctica y juega un papel importante en las actividades motrices y deportivas, a la hora del control corporal y posterior ajuste del movimiento. Las constantes inestabilidades de los movimientos, producidos en el transcurso del juego, y el continuo cambio del centro de gravedad, hacen que el participante deba tener en todo momento consciencia exacta de su posición en el ejercicio para, a partir de ahí, actuar en los movimientos posteriores (Bernal, 2002).

Las diferentes actividades del organismo humano requieren la aptitud para conservar una posición sin moverse (equilibrio estático), o para asegurar el control y el mantenimiento de una posición durante el desplazamiento del cuerpo (equilibrio dinámico). En todos estos casos se trata de conservar el centro de gravedad del cuerpo en el interior del cuadrilátero de sustentación, siempre luchando contra la gravedad (López y Garoz, 2004).

Para el equilibrio estático las fuerzas que se ejercen sobre el cuerpo tienen una resultante nula: los músculos antagonistas intervienen de tal manera que no crean más que un mínimo de oscilaciones del cuerpo.

En el equilibrio dinámico la masa del cuerpo se reparte de manera variable en cada instante sobre el punto de apoyo, lo que provoca una variación de fuerzas. La actividad muscular cambia continuamente para mantener la orientación postural global y reestablecerla cuando la perturbación llega a ser demasiado importante.

A cada movimiento que se realiza con una parte del cuerpo, le sigue otro **compensatorio**, inconsciente, que mantiene la estabilidad. Por ejemplo, en el salto para golpear un balón de cabeza, se suceden las posiciones de equilibrio y desequilibrio, y de la correcta coordinación de ambas acciones resultará un salto armónico y controlado. De ahí que el equilibrio también puede ser entendido como una recuperación constante de situaciones desequilibradas (Bernal, 2002).

Por otro lado, el alumnado con equilibrio deficiente tendrá una serie de defectos:

- Rigidez general, tensión. Movimientos bruscos, intempestivos, excesivamente amplios.
- Mala recuperación del equilibrio perdido y muy mal equilibrio con el pie no dominante.
- Mirada demasiado móvil, poca concentración, inatención. Miedo al vacío, vértigo.

En cuanto a las definiciones, exponemos las de los autores más significativos:

- **Contreras**, (2004). *"Capacidad de mantener una o más posturas, o de recuperarlas una vez perdidas, en contra de cuantas fuerzas exógenas puedan incidir sobre el cuerpo".*
- **Fernández García** -coor.- (2002). *"Capacidad para asumir y sostener cualquier parte del cuerpo contra le ley de la gravedad".*
- **López y Garoz** (2004). *"Es la capacidad de mantener la proyección*

vertical del centro de gravedad dentro de la base de sustentación del cuerpo".

- **Torres**, (2005). *"Habilidad para mantener el cuerpo compensado, tanto en posiciones estáticas como dinámicas".*

2.2. CLASIFICACIÓN.

El análisis de las exigencias de equilibración lleva a Castañer y Camerino (1993) a distinguir varias situaciones y grados de la misma:

- Equilibrio **reflejo** (de tipo estático-postural).
- Equilibrio **automático** (implícito en los movimientos voluntarios y cotidianos).
- Equilibrio **voluntario**, realizado en los ejercicios programados.

Ya, en el campo de la **educación físico-deportiva** y de acuerdo con las distintas situaciones en que se manifiesta el equilibrio, la mayoría de autores establecen dos grupos (Rigal, 2006):

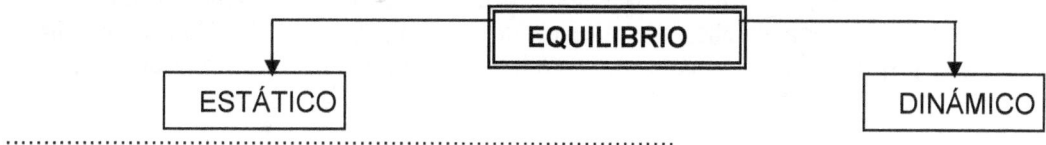

a) **Equilibrio Estático**.

Castañer y Camerino (1993), lo definen como *"el proceso perceptivo-motor que busca un ajuste de la postura antigravitatoria y una información sensorial exteroceptiva y propioceptiva cuando el sujeto no imprime una locomoción corporal"*.

Lo podemos considerar como la facultad del individuo para mantener el cuerpo en posición erguida sin desplazarse. Dentro de este tipo podemos considerar el equilibrio **postural**, en el cual el sujeto trata de mantener su posición erecta gracias a los reflejos de enderezamiento, laberínticos, ópticos, táctiles, los reflejos de actitud, etc. En todos ellos, el aumento del tono de sostén de los flexores y extensores permitirá que el cuerpo mantenga su equilibrio contra la acción de la gravedad. Por ejemplo, el portero de fútbol ante el lanzamiento de un golpe franco.

b) **Equilibrio Dinámico**.

Castañer y Camerino (1993) lo definen como *"cuando el centro de gravedad sale de la verticalidad corporal para realizar un desplazamiento y, tras una acción reequilibradora, regresa a la base de sustentación"*.

Es más complejo que el estático porque el practicante se ve condicionado por los aspectos externos que constantemente actúan sobre él (acciones de compañeros y contrarios, móvil, etc.) y preverlas, para iniciar los movimientos compensatorios incluso antes de que comiencen a influir.

La mecánica de los procesos de equilibración la describen López y Garoz (2004), así:

- Los receptores sensoriales perciben un desequilibrio causado por el movimiento corporal o por factores externos.

- A partir de esta información, el S. N. ordena una gama de reacciones reequilibradoras encaminadas al mantenimiento del equilibrio perdido.

Lo que está claro es que cualquier movimiento requiere un desequilibrio inicial que rompe el primitivo. Tras el desequilibrio, el reequilibrio hace recuperar la estabilidad.

También podemos señalar al llamado "equilibrio en **suspensión**" como una **variación** del dinámico. Se produce cuando, a través de una impulsión previa, nos encontramos en el aire y es necesario mantener el cuerpo en una posición estable y biomecánicamente buena, para evitar el desequilibrio antes de la caída. Este tipo de equilibrio es muy importante en el deportista ya que muchas veces es necesario mantener en el aire un dominio corporal para salir airoso de la situación. Por ejemplo, remate en voleibol, tiro en baloncesto, etc. Una vez el cuerpo ha establecido contacto con el suelo a través de los pies, se produce el inicio de la siguiente acción (Bernal, 2002)

Por otro lado, Gil Madrona (2003), señala -citando a otros autores como Giraldes y Fernández Iriarte-, al equilibrio **post-movimiento** (mantener una actitud equilibrada en posición estática después de un movimiento) y al equilibrio con **objetos** (cuando hay que mantener de forma estática o dinámica un determinado objeto sin que este se caiga).

2.3. PROCESO EVOLUTIVO.

El dominio del equilibrio estático comienza hacia **el año**, cuando el bebé se queda en pie, solo, sin ayuda. La evolución del equilibrio está muy unida al desarrollo general y a las experiencias motrices que haya tenido. Su control se traduce en una habilidad mayor del actuante en todas las actividades que requieren un desplazamiento del cuerpo o del mantenimiento de una posición (Bueno, Del Valle y De la Vega, 2011).

Como fases **sensibles** para su mejora, Martin (1982), citado por Hahn (1988) indica los 9-13 años, con incidencia superior entre los 10-12 años, ya que es cuando se produce la maduración de las áreas cerebrales relacionadas con la motricidad, si bien no todos los autores están de acuerdo. Otros bajan esa edad a los 5 años, y como ejemplo demostrativo destacan el nivel alcanzado por las niñas y los niños que hacen Gimnasia Artística y Rítmica. En cualquier caso, su nivel va muy ligado a la cantidad de experiencias motrices realizadas durante las edades tempranas.

No obstante, indicamos que existen discrepancias que ponen de manifiesto autores como Castañer y Camerino (1993), en cuanto a la posibilidad de su mejora, porque creen que es una capacidad escasamente entrenable debido a su estrecha dependencia con el funcionamiento nervioso. Consideran que sí se puede optimizar en edades evolutivas en las que el sistema nervioso central presenta plasticidad.

Después de los 14 años se registran deterioros importantes en sujetos no entrenados, estabilizándose en los entrenados.

A partir de los 30 años, los resultados que valoran el equilibrio, decaen motivado por la incipiente regresión de la funcionalidad del sistema nervioso. El trabajo específico sobre esta cualidad permitirá controlar su involución, ya que hará mantener activos los circuitos nerviosos de control.

2.4. FACTORES QUE INFLUYEN.

Siguiendo a Bernal (2002) y a Desrosiers y Tousignant (2005), lo enfocamos a través de **cuatro** grupos:

a) **Factores Sensoriales**.

Se encuentran en el interior del organismo. Informan de su posición y estado a través del S. N. Podemos destacar a:

- Órganos del oído:
    - Conductos semicirculares: endolinfa.
    - Aparato vestibular: laberinto, utrículo y sáculo.
- Órganos de la visión.
- Órganos propioceptivos:
    - Huso muscular.
    - Órgano tendinoso de Golgi.
    - Corpúsculos de Pacini.

b) **Factores Biomecánicos**.

Son externos e internos y atañen a la relación entre el cuerpo y la actividad física que realiza. Resaltamos a:

- Altura del centro de gravedad y su posición.
- Dimensión de la base de sustentación y si la base es movible o no.
- Altura y masa o peso corporal, las características físicas.
- Que la vertical del centro de gravedad caiga dentro de la base de sustentación.
- Que las resultantes de la línea de gravedad (cada miembro tiene su centro de gravedad) estén dentro de la línea total de gravedad.
- La actividad física a realizar, cada una es distinta y produce unos cambios de dirección y de velocidad específicos, así como la postura a mantener.
- Calidad y estado de los órganos sensoriales.

c) **Reflejos**.

- Actúan de modo automático con la aparición del estímulo. Por ejemplo, apretar los dedos de los pies contra el suelo al desequilibrarse hacia delante.

d) **Experiencia**.

- Hace referencia a los aprendizajes previos de patrones motores. En este caso el equilibrio está automatizado y cuesta menos esfuerzo, aumentando la rapidez del gesto.

2.5. EVALUACIÓN.

Desde hace mucho tiempo se ha venido aplicando pruebas para intentar evaluarlo de la forma más objetiva, cuestión que no ha sido fácil. La mayoría de ellas se limitan a la ejecución de un ejercicio, que en realidad implica la realización de una habilidad. Hay que citar, entre las más utilizadas con aplicación escolar, a las siguientes:

- Test de "Iowa Brace Test". Situarse apoyado sobre un pie, con brazos extendidos arriba-adelante. Se balancea el tronco adelante al tiempo que se eleva por detrás la pierna libre, hasta que ambos queden paralelos al suelo. La vista se mantiene al frente. Se trata de resistir en esta posición durante diez segundos.

- Test de "equilibrio flamenco". Durante un minuto debe mantenerse una posición equilibrada. Hay que ponerse de pie sobre una barra de 3 cm. de ancha, 4 cm. de alta y 50 cm. de larga. Flexionar una rodilla para cogerse el pie con la mano correspondiente y quedarse equilibrado con el otro pie.

- Tradicionalmente hemos venido evaluando el equilibrio dinámico observando al escolar andar sobre un banco sueco de dos metros de largo. En caso de no tener dificultad, el banco lo giramos para que ande sobre la barra. Se observa la habilidad que tiene para recorrer esos dos metros de ida y los otros dos de vuelta, puntuando entre cero y diez. Esta es fácil de realizar pero tiene el inconveniente de la subjetividad en su medición.

2.6. ACTIVIDADES PARA SU DESARROLLO.

Las actividades pueden ser de equilibrio estático y dinámico y normalmente van ligadas a las propias de coordinación. Siguiendo a Trigueros y Rivera (1991), Kosel y Hecker (1996), Chinchilla y Alonso (1998), Campo (2000), Romero Cerezo (2000), Bernal (2002), Desrosiers y Tousignant (2005), León (2006), Rosillo (2010), Bueno, Del Valle y De la Vega (2011), destacamos:

a) Actividades de Equilibrio Estático.

- Progresar de estados más estáticos a otras más dinámicos. Por ejemplo, desde sentado, tendido, de pie con apoyo de uno o dos pies, etc.
- Mantener el equilibrio con un solo pie. Apoyo de punta, talón, parte interna o externa.
- De pie y con piernas abiertas, mover los brazos, pero guardando el equilibrio.
- Variante del anterior, pero ahora es un miembro inferior el que se mueve y balancea.

b) Actividades de Equilibrio Dinámico.
- Sobre posiciones variadas ir disminuyendo progresivamente la base de sustentación.
- Andar sobre diversas planchas del tamaño del pie, sobre banco sueco, barra de equilibrio aumentando progresivamente la altura (cambios de altura del C. de G.).
- Pérdida y recuperación voluntaria del equilibrio.

- Saltos simples y desde una altura, tratando de mantener el equilibrio al caer.
- Ejercicios de equilibrio con interiorización (ajuste corporal).
- Control del equilibrio en marcha, carrera y salto con alternancia exagerada de movimientos.
- Mantener el control en el aire ante diversas causas que lo perturban: empuje, salto, etc.
- Llevar objetos sobre la cabeza (bolsitas de granos, conos, etc.)
- Si a lo anterior le añadimos la práctica de ejercicios con los ojos tapados y combinación de los mismos, tendremos unos excelentes recursos para desarrollar el equilibrio.

c) **Metodología y recursos.**

Las consideraciones metodológicas que hacíamos en el análisis de la Coordinación son también válidas para el equilibrio, no olvidemos que la Coordinación es un todo integrable de otras capacidades (equilibrio, percepción, reacción, diferenciación, capacidad de ritmo, de dirección...)

Además, tenderemos en cuenta a las siguientes:

- Concentración en la acción que se ejecuta.
- Relajación, evitando tensiones y contracciones superfluas.
- Reducir la amplitud de movimientos corporales.
- Tomar un punto de referencia visual fijo.
- Alternancia en el trabajo para evitar la fatiga localizada.
- No cambiar de posición sin estar equilibrado previamente.
- Buscar la independencia de movimientos.
- Prevenir los desequilibrios, utilizando movimientos de cadera y cabeza.

Como los recursos materiales más empleados citaremos las líneas pintadas en el suelo, barras de equilibrio, bancos suecos, pelotas, aros, barandas, etc.

CONCLUSIONES

A lo largo del Tema hemos podido ver que las capacidades coordinativas, coordinación y equilibrio, son fundamentales a la hora del aprendizaje de la habilidad motriz. También, cómo el desarrollo previo de unos aspectos perceptivos espaciales, corporales y temporales influyen para tener un cuerpo coordinado y equilibrado. Durante la Etapa Primaria tiene lugar la edad más crítica para su desarrollo, de ahí la importancia que tenemos los especialistas en programar actividades lúdicas que promocionen estas capacidades. Por otro lado, destacar la importancia que tiene en su desarrollo el juego motor realizado durante los tres tiempos pedagógicos.

En la etapa de la Educación Primaria la Educación Física permite a los estudiantes explorar su potencial motor a la vez que desarrollan las competencias motrices básicas. Eso implica movilizar toda una serie de habilidades motrices, actitudes y valores en relación con el cuerpo, a través de situaciones de enseñanza-aprendizaje variadas, en las que la experiencia individual y la colectiva en los diferentes tipos de actividades permitan adaptar la conducta motriz a los diferentes contextos. En esta etapa, la competencia motriz debe permitir comprender su propio cuerpo y sus posibilidades y desarrollar las habilidades motrices básicas en contextos de práctica, que se irán complicando a medida que se progresa en los sucesivos cursos. Las propias actividades y la acción del docente ayudarán a desarrollar la posibilidad de relacionarse con los demás, el respeto, la colaboración, el trabajo en equipo, la resolución de conflictos mediante el diálogo y la asunción de las reglas establecidas, el desarrollo de la iniciativa individual y de hábitos de esfuerzo.

BIBLIOGRAFIA

- AÑÓ, V. CAMPOS, J, MESTRE J. (1982). *La Educación Física Escolar*. Miñón. Valladolid.
- ARAGUNDE, J. L. (2000). *Equilibrio*. En *Fundamentos de la motricidad*. TRIGO, E. (coord.). Gymnos. Madrid.
- BERNAL, J. A. (2002). *Juegos y actividades de equilibrio*. Wanceulen. Sevilla.
- BUENO, M.; DEL VALLE, S.; DE LA VEGA, R. (2011). *Los contenidos perceptivomotrices, las habilidades motrices y la coordinación*. Virtual Sport. Segovia.
- CACHADIÑA, M. P. -coord-. (2006). *Expresión corporal en la clase de Educación Física*. Wanceulen. Sevilla.
- CAMPO, G. E. (2000). *El Juego en la Educación Física Básica*. Kinesis. Armenia. Colombia.
- CAÑIZARES, J. Mª. (2001). F*ichas para el entrenamiento físico del jugador de fútbol: Coordinación y Equilibrio"*. Wanceulen. Sevilla.
- CAÑIZARES, J. Mª. (2004). *"Entrenamiento Deportivo"*. En VV. AA. *"Técnico deportivo de Fútbol. Bloque Común. Nivel 1"*. C.E.D.I.F.A. Sevilla.
- CASTAÑER M., y CAMERINO O. (1993). *La conciencia corporal*. En VVAA. Fundamentos de la educación física para la enseñanza primaria. INDE. Barcelona.
- CHINCHILLA, J. L. Y ALONSO, J. (1998). *Educación Física Primaria-1*. CCS. Madrid.
- CONDE, J. L. y VICIANA, V. (2001). *"Fundamentos para el desarrollo de la motricidad en edades tempranas"*. Aljibe. Málaga.
- CONTRERAS, O. (2004). *Didáctica de la Educación Física*. INDE. Barcelona.
- DESROSIERS, P. y TOUSIGNANT, M. (2005). *Psicomotricidad en el aula*. INDE. Barcelona.
- FERNÁNDEZ GARCÍA, E. -coord.- (2002). *Didáctica de la educación física en la educación primaria*. Síntesis. Madrid.
- GIL MADRONA, P. (2003). *Desarrollo psicomotor en Educación Infantil*. Wanceulen. Sevilla.
- GUTIÉRREZ, M. (2004). *Aprendizaje y desarrollo motor*. Fondo Editorial Fundación San Pablo Andalucía (CEU). Sevilla.
- HAHN, E. (1988). *Entrenamiento con niños*. Martínez Roca. Barcelona.
- JUNTA DE ANDALUCÍA (2007). *Ley 17/2007, de 10 de diciembre, de Educación en Andalucía*. (L. E. A.) B.O.J.A. nº 252, de 26/12/2007.
- JUNTA DE ANDALUCÍA (2010). *Decreto 328/2010, por el que se aprueba el Reglamento Orgánico de las escuelas infantiles de segundo grado, de los*

colegios de educación infantil y primaria, de los colegios de educación primaria, y de los centros públicos específicos de educación especial. BOJA nº 139, de 16/07/2010.

- JUNTA DE ANDALUCÍA (2015). *Decreto 97/2015, de 3 de marzo, por el que se establece la ordenación y el currículo de la educación Primaria en la comunidad Autónoma de Andalucía.* BOJA nº 50 de 13/03/2015.

- JUNTA DE ANDALUCÍA (2015). *Orden de 17 de marzo de 2015, por la que se desarrolla el currículo correspondiente a la educación Primaria en Andalucía.* BOJA nº 60 de 27/03/2015.

- JUNTA DE ANDALUCÍA (2015). *Orden de 04 de noviembre de 2015, por la que se establece la ordenación de la evaluación del proceso de aprendizaje del alumnado de educación primaria en la Comunidad Autónoma de Andalucía.* B.O.J.A. nº 230, de 26/11/2015.

- KOSEL, A. y HECKER, G. (1996). *Fichas de actividades gimnásticas. La coordinación motriz.* Hispano Europea. Barcelona.

- LE BOULCH, J. (1986). *Educación por el movimiento en la edad escolar.* Paidós. Barcelona.

- LEÓN, J. A. (2006). *Teoría y Práctica del Entrenamiento. Deportivo. Nivel 1 y 2.* Wanceulen. Sevilla.

- LÓPEZ, C. y GAROZ, I. (2004). *Evaluación de las capacidades coordinativas.* En HERNÁNDEZ, J. L. y VELÁZQUEZ, R. (Coor.) *La evaluación en Educación Física.* Graó. Barcelona.

- LORA RISCO, L. (1991). *La educación corporal.* Paidotribo. Barcelona.

- LOS SANTOS, C. (2004). *Preparación física. Teoría, aplicaciones y metodología práctica.* Wanceulen. Sevilla.

- M. E. C. (2006). *Ley Orgánica de Educación (L.O.E.) 2/2006, de 3 de mayo, de Educación.* B. O. E. nº 106, de 04/05/2006, modificada en determinados artículos por la LOMCE/2013.

- M. E. C. (2013). *Ley Orgánica 8/2013, de 9 de diciembre, para la mejora de la calidad educativa. (LOMCE).* B. O. E. nº 295, de 10/12/2013.

- M. E. C. (2014). *Real Decreto 126/2014, de 28 de febrero, por el que se establece el currículo básico de la Educación Primaria.* B. O. E. nº 52, de 01/03/2014.

- M.E.C. (2015). *Orden ECD/65/2015, de 21 de enero, por la que se describen las relaciones entre las competencias, los contenidos y los criterios de evaluación de la educación primaria, la educación secundaria obligatoria y el bachillerato.* B.O.E. nº 25, de 29/01/2015.

- MEINEL, K. y SCHNABEL, G. (1988) *Teoría del movimiento. Síntesis de una teoría de la motricidad deportiva bajo el aspecto pedagógico.* Stadium. Buenos. Aires.

- MORENTE, A. (2005). *Ejercicio físico en niños y jóvenes: programas de actividad física según niveles de condición biológica.* En GUILLÉN, M. -coord.- *El ejercicio físico como alternativa terapéutica para la salud.* Wanceulen. Sevilla.

- RIGAL, R. (2006). *Educación motriz y educación psicomotriz en Preescolar y Primaria.* INDE. Barcelona.

- RIVADENEYRA, M. L. (Coord.) (2003). *Desarrollo de la motricidad.* Wanceulen. Sevilla.

- ROMERO CEREZO, C. (2000). *Las capacidades perceptivo-motrices y su desarrollo.* En ORTIZ, Mª M. (coord.) *Comunicación y lenguaje corporal.* Proyecto Sur Ediciones. Granada.

- ROSILLO, S. (2010). *Cualidades físicas. Plan educativo de hábitos de vida saludable en la educación.* Procompal. Almería.

- RUIZ PÉREZ, L. M. (2005). *Moverse con dificultad en la Escuela.* Wanceulen. Sevilla.

- TAMARIT, A. (2016). *Desarrollo cognitivo y motor.* Síntesis. Madrid.

- TORRES, M. A. (2005). *"Enciclopedia de la Educación Física y el Deporte".* Ediciones del Serbal. Barcelona.

- TRIGUEROS, E. y RIVERA, E. (1991). *Educación Física de Base.* CEP Granada y Gioconda. Granada.

- ZAGALAZ, Mª L.; CACHÓN, J.; LARA, A. (2014). *Fundamentos de la programación de Educación Física en Primaria.* Síntesis. Madrid.

WEBGRAFÍA (Consulta en octubre de 2015).

http://recursos.cnice.mec.es/edfisica/
http://www.adideandalucia.es
http://recursos.cnice.mec.es/edfisica/
http://www.ite.educacion.es/es/recursos
http://www.educarm.es/admin/recursosEducativos#nogo
http://www.guiaderecursos.com/webseducativas.php
http://recursostic.educacion.es/primaria/ludos/web/index.html
www.juntadeandalucia.es/educacion/descargasrecursos/curriculo-primaria/index.html

www.ingramcontent.com/pod-product-compliance
Lightning Source LLC
Chambersburg PA
CBHW080459170426
43196CB00016B/2870